Helmut Zipner

Kochen
auf drei Flammen

Schnelle Rezepte
für die Campingküche

Helmut Zipner

Kochen
auf drei Flammen

Schnelle Rezepte
für die Campingküche

mit Fotos von Ingo Wandmacher

schlütersche

Bibliografische Information der Deutschen Bibliothek
Die Deutsche Bibliothek verzeichnet diese Publikation in der Deutschen
Nationalbibliografie; detaillierte bibliografische Daten sind im Internet über
http://dnb.ddb.de abrufbar.

ISBN 3-89993-703-1

Verlag: Schlütersche Verlagsgesellschaft mbH & Co. KG
                     Hans-Böckler-Allee 7, 30173 Hannover

Fotos: Ingo Wandmacher

Koordination: Harriet Assel, Schlütersche Verlagsgesellschaft mbH & Co. KG
                     Claudia Flöer, Schlütersche Verlagsgesellschaft mbH & Co. KG

Gestaltung: Schlütersche Verlagsgesellschaft mbH & Co. KG

Satz und Litho: PER Medien + Marketing GmbH, Braunschweig
Druck: Schlütersche Druck GmbH & Co. KG, Langenhagen
Bindung: Rödiger Buchbinderei GmbH, Langenhagen

Inhalt

Inhalt

Inhalt

Vorwort

KOCHMOBIL

.....hier fährt ein Champion

Wenn Helmut Zipner mal nicht in seinem Restaurant „Asperge" im Kieler Landtag kocht, reist der quirlige Chefkoch mit seiner Frau Renate und dem Kochmobil durch die Lande.

Dabei ist auch die Idee zu diesem Buch entstanden:
Schnelle Rezepte für die Campingküche, die sich leicht auf bis zu drei Flammen zubereiten lassen – und das alles in einem handlichen Format.

Rezepte von deftig bis delikat, die Sie natürlich auch zu Hause prima nachkochen können: Kartoffelpuffer mit Kräutercreme, Paprikarisotto, Seelachsfilet mit Blattspinat oder die leckere Zitronen-Limonen-Creme – wir wünschen einfach guten Appetit!

Salate

Suppen

Herrensalat

Zutaten *(2 Personen)*
50 g Schnittkäse
1/2 rote Paprikaschote
1/4 Salatgurke
3 bis 4 Radieschen
1/2 Zwiebel
75 g Mixedpickles
1 EL Sojasauce
1 TL Kapern
und Kapernsaft
Salz
Pfeffer
Knoblauch
1 Prise Zucker

Zubereitung
Den Schnittkäse und die Paprikaschote in Streifen schneiden. Salatgurke und Radieschen in Scheiben schneiden. Die Zwiebel in Würfel schneiden.
Den Käse, das kleingeschnittene Gemüse sowie Mixedpickles gut vermischen.

Mit Kapern und Kapernsaft sowie den anderen Gewürzen und der Sojasauce abschmecken.

Danach etwa 1 Stunde ziehen lassen.

Rohkostsalat mit Sprossen-Quark-Dip

Zubereitung

Zucchini, junge Möhren, Paprika, Staudensellerie und Spargel in Stifte schneiden. Dann Quark und Sahne in einer Schale gut verrühren und mit Salz, Pfeffer und Meerrettich würzen.

Die Sprossen waschen, gut abtropfen lassen und unter den Quark ziehen. Fertig ist der Sprossen-Quark-Dip. Zusammen mit den Gemüsestiften servieren!

Zutaten (4 Personen)
250 g Magerquark
100 ml Sahne
1 TL Meerrettich
Pfeffer
Salz
25 g Radieschen-
sprossen
je 1 gelbe
und grüne Zucchini
1 Bund junge Möhren
je 1 gelbe
und rote Paprika
1 Staudensellerie
3 grüne Spargel

Broccoli-Spargel-Salat

Zutaten *(4 Personen)*
500 g Broccoli
500 g grüner Spargel
100 g Zuckerschoten
2 Tomaten
2 Zwiebeln

Für das Dressing
Salz, Pfeffer, Zucker
3 EL Himbeeressig
5 EL Öl
1/2 Bund Kerbel
2 EL Mandelblätter

Zubereitung
Den Broccoli in kleine Röschen teilen, Spargel in Stücke schneiden. Tomaten sowie die Zwiebeln fein würfeln. Die Mandelblätter rösten, den Kerbel abzupfen. Broccoli, Spargel und Zuckerschoten waschen und putzen, dann in kochendem Salzwasser ca. 5 Minuten blanchieren. Kalt abschrecken und abtropfen lassen. Das Gemüse auf einer Platte anrichten und die Tomatenwürfel darüber verteilen.

Für das Dressing Essig, Öl, Zwiebeln, Salz und Pfeffer miteinander verrühren und über das Gemüse geben. Mit den abgezupften Kerbelblättchen und den gerösteten Mandelblättern garnieren und servieren.

Spargelsalat Classic

Zubereitung

Den Spargel waschen, schälen und in ca. 4 cm lange Stücke schneiden.
1/4 l Wasser mit Weißwein, Salz und 1 Prise Zucker aufkochen lassen. Den Spargel hineingeben und je nach Dicke bzw. Geschmack garen.
Den Spargel herausnehmen und abtropfen lassen.
Aus Zitronensaft, Öl, Salz, Zucker und Pfeffer eine Marinade rühren. Den Spargel darin etwa 1 Stunde ziehen lassen. Die hart gekochten Eier schälen und die Eigelbe zerkleinern oder durch ein Sieb streichen.
Auf den gewaschenen, abgetropften Salatblättern den Spargel anrichten und mit der geschlagenen Sahne garnieren. Mit dem Eigelb bestreuen und mit Pfeffer überstäuben.

Zutaten (4 Personen)
500 g Spargel
4 EL Weißwein
Salz
Zucker
Saft von 1 Zitrone
2 EL kaltgepresstes
Olivenöl
weißer Pfeffer
2 hart gekochte Eier
2 große Blätter
Kopfsalat
1/8 l Schlagsahne

Zuckerschotensalat mit Röstflocken

Zutaten *(4 Personen)*
400 g Zuckerschoten
250 g Champignons
250 g Sherrytomaten

Zubereitung
Zuckerschoten schräg halbieren und in kochendem Salzwasser 3 Minuten garen. Mit kaltem Wasser abschrecken und in einem Sieb abtropfen lassen. Champignons in dünne Scheiben schneiden und die Sherrytomaten halbieren. Alles auf einer Platte anrichten.

4 EL Kräuteressig
4 EL Öl
Salz
Pfeffer
Paprika rosenscharf
Prise Zucker
100 g geröstete Haferflocken
50 g Kresse

Essig und Öl verrühren, mit Salz, Pfeffer und Zucker zum Dressing abschmecken.

Haferflocken im heißen Öl in der Pfanne rösten. Danach in eine Schüssel geben und mit Salz, Pfeffer und Paprika würzen.

Dressing über den Salat geben.
Mit den Haferflocken und der Kresse bestreut servieren.

Bunter Salat mit Cocktaildressing

Zubereitung

Alle Zutaten putzen, waschen und in Streifen oder Scheiben schneiden. Alles gut miteinander vermengen und in einer Schale oder Kokotte anrichten.

Für das Cocktaildressing alle Zutaten in einer Schale glatt rühren und über den Salat geben.

Zutaten (4 Personen)
2 Chicorrée
1 Salatgurke
1 Bund Radieschen
100 g Champignons
1 Kopf Friséesalat
2 Möhren
2 Lauchzwiebeln

Cocktaildressing
100 g Ketchup
200 g Majonaise
1/4 l Orangensaft
1 Becher Sahne
Zucker, Salz, Pfeffer

Herbstliche Blattsalate
mit Fleischtomaten und Sauce Vinaigrette

Zutaten *(4 Personen)*
1/2 Kopf Lollo Biondi
1/2 Kopf Lollo Rosso
1 kl. Kopf Endiviensalat
1 kl. Kopf
Eichenlaubsalat
3 Fleischtomaten

Zubereitung
Die Salate putzen, waschen und in einer großen Schale klein zupfen. Tomaten in Würfel schneiden und alle Zutaten gut miteinander vermengen.

Sauce Vinaigrette
50 ml Essig
100 ml Öl
1/4 l Wasser
1 Zwiebel
2 EL gehackte
Petersilie, Salz, Pfeffer
1 Prise Zucker

Sauce Vinaigrette
Die Zwiebel würfeln, Essig, Öl und Petersilie dazugeben und alles miteinander verrühren.
Mit den Gewürzen abschmecken und erst kurz vor dem Servieren über den Salat geben.
Mit etwas Petersilie garnieren.

Bunter Kartoffelsalat

Zubereitung

Die gepellten Kartoffeln, Gewürzgurken, Tomaten sowie die halbe Salatgurke und den geschälten und entkernten Apfel in Würfel schneiden. Die Zwiebeln fein würfeln und alle Zutaten miteinander vermengen.

Für die Marinade das gekochte Ei halbieren, das Eigelb mit der Gabel zerdrücken und mit dem Senf verrühren. Das Eiweiß fein würfeln und zu den anderen Zutaten geben. Majonaise nach und nach dazugeben und gut verrühren. Nun auch das Eigelb hinzufügen und mit Salz, Pfeffer, Zucker und Essig pikant abschmecken. Alles ca. 30 Minuten ziehen lassen. Dann in einer Schüssel anrichten und mit Ei und Petersilie schön garnieren.

Zutaten für die Garnitur

1 hartgekochtes Ei, frische Petersilie

Zutaten (4 Personen)
1 kg gekochte
feste Pellkartoffeln
2 Gewürzgurken
2 Zwiebeln
2 Tomaten
1/2 Salatgurke
1 Apfel

Für die Marinade
2 hartgekochte Eier
1/2 EL Senf
500 g Majonaise
2 EL Essig
Salz, Zucker
weißer Pfeffer

Feine Spargel-Samtsuppe

Zutaten *(4 Personen)*
1 kg Spargel
1/2 l Gemüsebrühe
80 g Mehl
80 g Butter
1 Eigelb
6 EL Sahne
Salz
Pfeffer
Muskat
1 Prise Zucker

Zubereitung
Spargel schälen, in 2 bis 3 cm lange Stücke schneiden und in Salzwasser garen. Spargelstücke warm stellen. Von dem Spargelfond 1/2 l abmessen und mit der Gemüsebrühe auf 1 l Flüssigkeit auffüllen.

Das Mehl in der Butter anschwitzen, mit der Brühe aufgießen und aufkochen lassen. Das Eigelb mit der Sahne verrühren und in die vom Herd genommene Suppe einrühren. Mit Salz, Pfeffer, Muskat und Zucker abschmecken. Zum Schluss die Spargelstücke dazu geben.

Kürbiscremesuppe „Satruper Art"

Zubereitung

Kürbis in Stücke schneiden, dabei die Schale und das Kerngehäuse entfernen. Nur das Kürbisfleisch in kleine Würfel schneiden. Gemüsebrühe zum Kochen bringen und die Kürbisstücke dazu geben. Alles ca. 15 Minuten kochen lassen und mit einem Püriergerät schön glatt pürieren. Kürbissuppe mit Salz, Pfeffer und etwas geriebener Muskatnuss abschmecken. Die zwei EL Apfelessig dazu geben und nochmals durchrühren.

Auf Suppenteller oder Suppentassen füllen und mit den Kochschinkenstreifen bestreuen. Petersilie als Garnitur passt gut dazu.

Sollte man diese Suppe für mehrere Personen kochen, kann man sie originell in der unteren ausgehöhlten Kürbishälfte servieren.

Zutaten (4 Personen)
800 g Kürbis
1/2 l Gemüsebrühe
2 EL Apfelessig
Salz
Pfeffer
Muskatnuss
200 g gekochter
Schinken
1 Bund Petersilie

21

Schwedisches Elchsüppchen

Zutaten *(4 Personen)*
1 Bund Suppengrün
2 Zwiebeln
50 g durchw. Speck
600 g Elchfleisch
1/2 l kräftiger Rotwein
1 EL Mehl
1 l Fleischbrühe
6 Wacholderbeeren
2 Lorbeerblätter
1 TL getrockneter Thymian
100 g saure Sahne
100 g Preiselbeeren
Salz
Frisch gemahlener weißer Pfeffer

Zubereitung
Suppengrün putzen und waschen, Zwiebeln schälen, alles grob würfeln und beiseite stellen. Den Speck würfeln und in einem Suppentopf auslassen. Elchfleisch würfeln und in dem ausgelassenen Speck kräftig anbraten, mit einem Schuss Rotwein ablöschen. Die Flüssigkeit verkochen lassen. Das Suppengrün und die Zwiebeln zum Elchfleisch geben und anbraten. Das Mehl über das Fleisch stäuben, hellbraun anschwitzen und den restlichen Wein und die Fleischbrühe angießen. Die Gewürze dazugeben und zugedeckt ca. 45 bis 60 Minuten köcheln lassen.
Wer möchte, kann die Elchsuppe noch mit Crème fraîche verfeinern. Ich serviere die Suppe mit saurer Sahne, Preiselbeeren und gehackter Petersilie.
Tipp: Elchfleisch bekommen Sie auf Bestellung beim Schlachter. Ersatzweise geht auch Damwild.

Kartoffel-Lauchsuppe

Zubereitung

Den Lauch in Streifen schneiden. Die Kartoffeln und den durchwachsenen Speck würfeln. Die Kochwürste in Scheiben schneiden.

Margarine in einem Topf erhitzen und den gewürfelten, durchwachsenen Speck mit den Kochwurstscheiben anbraten. Nach ca. 3 bis 4 Minuten den Lauch dazugeben und mit anschwitzen lassen. Nun mit der Gemüsebrühe aufgießen und zum Kochen bringen.

Sobald die Suppe kocht, Kartoffeln hinzufügen und weitere 20 Minuten leicht köcheln lassen.

Zum Schluss mit Salz, Pfeffer, Muskatnuss und einer Prise Zucker abschmecken.

Zutaten (4 Personen)
300 g Lauch
300 g Kartoffeln
100 g durchw. Speck
2 Kochwürste
50 g Margarine
Salz
Pfeffer
Muskatnuss
1 l Gemüsebrühe
1 Prise Zucker

Holländischer Frühlingstopf

Zutaten *(4 Personen)*
1 1/2 l Gemüsebrühe
4 Möhren
500 g Kartoffeln
1 Porreestange
4 Tomaten
Salz
Pfeffer
200 g Goudakäse
1 EL gehackte Kräuter

Zubereitung
In der Brühe das geputzte und klein geschnittene Gemüse garen.

Die Tomaten überbrühen, abziehen, in Achtel schneiden und dazugeben. Mit Salz und Pfeffer abschmecken.

Unmittelbar vor dem Anrichten den Käse in kleine Würfel schneiden, hinzufügen und mit den gehackten Kräutern abstreuen.

Pürierte Kartoffelsuppe mit Krabben

Zubereitung

Kartoffeln, Möhren, Zwiebel und Sellerie würfeln, den Lauch in Streifen schneiden.

Butter in einen Topf geben, die gewürfelten Zwiebeln darin anbraten und mit der Brühe auffüllen.

Die Kartoffeln und das andere Gemüse hinzufügen und alles garkochen lassen.

Mit Salz, Pfeffer, Muskat und einer Prise Zucker abschmecken und mit dem Pürierstab pürieren.
Nun die Sahne dazugeben und unterrühren.

Mit Krabben und Petersilie bestreut servieren.

Zutaten *(4 Personen)*
150 g Kartoffeln
100 g Möhren
50 g Sellerie
50 g Lauch
1 Zwiebel
1 l Gemüsebrühe
30 g Butter
Petersilie
100 g Sahne
100 g Krabben
Salz
Pfeffer
Muskat
Prise Zucker

Broccolicremesuppe

Zutaten *(4 Personen)*
500 g Broccoli
1/2 l Gemüsebrühe
1 Becher Sahne
Salz
Pfeffer
Muskat

Zubereitung
Den Broccoli in kleine Röschen teilen, waschen und in der kochenden Gemüsebrühe garen.

Mit dem Pürierstab pürieren und mit Salz, Pfeffer und Muskat abschmecken.

Zum Schluss noch mit der Sahne verfeinern.

Gemüse-Fisch-Suppe

Zubereitung

Das Fischfilet unter fließendem kalten Wasser abspülen und mit Küchenpapier trocken tupfen. In kleine Würfel schneiden. Die Knoblauchzehe schälen, fein hacken und mit etwas Salz zerreiben. Mit Sojasoße und Öl vermischen. Die Fischwürfel darin wenden und zugedeckt für rund eine Stunde in den Kühlschrank stellen. Die Brühe in einem ausreichend großen Topf zum Kochen bringen. Das Suppengemüse unaufgetaut hineingeben und bei reduzierter Hitze etwa 15 Minuten köcheln lassen.

Butter in einer großen Pfanne erhitzen und die Fischwürfel unter ständigem Wenden etwa 2 bis 3 Minuten braten. Dann in die Gemüsesuppe geben und alles mit Salz und Pfeffer abschmecken. Dazu frisches Stangenbrot reichen.

Zutaten (4 Personen)
400 g Fischfilet
1/2 Knoblauchzehe
1/2 TL Sojasoße
3 EL Öl
1 l Fisch- oder
Fleischbrühe
1 Paket tiefgekühltes
Suppengemüse
30 g Butter
Salz
Pfeffer

Karottencremesuppe

Zutaten *(4 Personen)*
1 kg Karotten
3/4 l Gemüsebrühe
1/4 l süße Sahne
gehackte Petersilie
Salz
Pfeffer
Prise Zucker
Muskat

Zubereitung
Die Karotten waschen, schälen und in kleine Stücke schneiden. Gemüsebrühe mit den Karottenstückchen kochen, bis sie weich geworden sind. Nun mit dem Pürierstab alles glatt pürieren, dann mit Salz, Pfeffer, Muskat und Zucker abschmecken.

Zum Schluss die Sahne unterrühren und mit gehackter Petersilie bestreut servieren.

Die Sahne macht die Suppe cremiger und geschmeidiger – muss aber nicht sein.

Erbseneintopf mit Kasseler

Zutaten *(4 Personen)*
*250 g getrocknete
gelbe Erbsen
100 g durchw. Speck
500 g Sauerkraut
300 g Kasseler
Salz
Pfeffer*

Zubereitung
Am Vorabend die Erbsen waschen und in 1 l kaltem
Wasser über Nacht einweichen.

Den durchwachsenen Speck und das Kasseler würfeln.
Speck in einem Topf auslassen und die Zwiebeln darin
glasig andünsten. Das Sauerkraut mit der Gabel zerpflü-
cken und mit dem Kasseler dazugeben.

Nun die Erbsen mit dem Einweichwasser hinzufügen,
würzen und mit geschlossenem Deckel etwa zwei
Stunden garen lassen.

Kartoffel-Paprika-Eintopf

Zubereitung

Paprikaschoten, Gemüsezwiebel und Fleischtomaten würfeln. Die Champignons halbieren. Kartoffeln schälen und nicht zu weich kochen. Abkühlen lassen und dann würfeln.

Öl in einer hohen Pfanne erhitzen und die Kartoffeln darin goldbraun anbraten. Die Paprika und Zwiebeln hinzufügen, und nach etwa 3 bis 4 Minuten auch Tomaten und Pilze dazugeben. Nun alles 8 bis 10 Minuten garen lassen. Zum Schluss mit Worcestersauce, Basilikum, Salz und Pfeffer kräftig würzen.

Sie können das Gericht als vegetarische Hauptspeise oder in geringer Menge auch als Beilage servieren.

Zutaten (4 Personen)
1 kg Kartoffeln
3 Paprikaschoten
je 1 rot, gelb und grün
1 Gemüsezwiebel
3 Fleischtomaten
250 g Champignons
1 EL Worcestersauce
2 EL gehacktes
Basilikum
Salz
Pfeffer
Sonnenblumenöl

Spanischer Tomateneintopf

Zutaten *(4 Personen)*
500 g Tomaten
1 grüne
Paprikaschote
1 l Gemüsebrühe
1 Gemüsezwiebel
3 Knoblauchzehen
4 EL Olivenöl
250 g italienisches
Weißbrot
Chilipulver
Salz
Pfeffer

Zubereitung
Die Tomaten und Gemüsezwiebel hacken.
Die Paprikaschote und das Weißbrot würfeln,
Knoblauchzehen pressen. Das Öl in einer Pfanne erhitzen
und darin Zwiebeln, Knoblauch und Paprika anbraten, bis
die Zwiebeln glasig sind. Tomaten dazugeben und bei
mittlerer Hitze schmoren lassen, bis die Mischung dick-
flüssig wird.

Dann mit der Gemüsebrühe auffüllen, die Weißbrotwürfel
hinzufügen und ca. 10 bis 15 Minuten köcheln lassen, bis
die Suppe schön sämig ist.

Zum Schluss mit den Gewürzen abschmecken.

Asiatischer Gemüseeintopf

Zutaten *(4 Personen)*
300 g Staudensellerie
80 g Zuckerschoten
60 g feine Erbsen
6 Frühlingszwiebeln
1 Stange Porree
3 rote Chilischoten
1 rote Paprika
1 gelbe Paprika
50 g Zitronengras
400 g Hühnerbrust
Saft einer Limette
Salz, Pfeffer
Curry, Zucker
800 ml Kokosmilch
150 ml Weißwein
1 Bund Schnittlauch

Zubereitung

Das Gemüse waschen, putzen und klein schneiden. Chilischoten aufschneiden, Stielansatz, Samen und weiße Trennwände entfernen. Dann waschen und in feine Streifen schneiden. Hähnchenbrust mit kaltem Wasser abspülen, trocken tupfen und mit Limettensaft beträufeln. 1/2 l Wasser mit Salz, Curry und Zucker aufkochen und die Staudensellerie darin ca. 8 Minuten garen. Kokosmilch und Wein dazugeben und das Zitronengras mit dem übrigen Gemüse hinzufügen.
Weitere 10 Minuten kochen lassen. Hühnchenbrust in Würfel schneiden und in die Suppe geben. Etwa 8 bis 10 Minuten ziehen lassen. Chilischoten hineingeben und die Suppe nochmals abschmecken. Schnittlauch waschen, klein schneiden und über den etwas abgekühlten Eintopf zum Servieren streuen. Warmes Baguette mit Knoblauchbutter schmeckt besonders gut dazu.

Winterlicher Rindfleischeintopf

Zubereitung

Möhren, Kartoffeln, Weißkohl und Sellerie würfeln.
Den Lauch in Streifen schneiden. Die gelben und grünen
Zucchini und die Zwiebel würfeln. Das Stück Rindfleisch
gut 1 Stunde in kochendem Salzwasser garen. Herausnehmen und in Würfel schneiden.

Die Butter in einem Topf erhitzen und die Zwiebel darin
anbraten. Mit der Rindfleischbrühe aufgießen. Als erstes
die Kartoffeln mit Möhren und Sellerie dazugeben und
ca. 1/2 Stunde kochen lassen. Dann die restlichen
Gemüsesorten dazugeben und nochmals 15 Minuten
köcheln lassen.
Mit Salz, Pfeffer und Muskat abschmecken.

Zum Schluss die Rindfleischwürfel darunter heben und
mit gehackter Petersilie bestreut servieren.

Zutaten (4 Personen)
600 g durchwach-
senes Rindfleisch
200 g Möhren
300 g Kartoffeln
300 g Weißkohl
200 g Sellerie
100 g Lauch
je 50 g gelbe und
grüne Zucchini
1 Zwiebel
50 g Butter
Salz, Pfeffer, Muskat
gehackte Petersilie

Vegetarisch

Nudeln

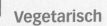
Kartoffelpuffer mit Kräutercreme

Zutaten *(2 Personen)*
600 g Kartoffeln
1 Ei
Salz
Pfeffer
1 Msp. Muskat
125 ml Öl
200 g saure Sahne
4 EL gehackte
Petersilie
1 Zwiebel

Zubereitung
Die Kartoffeln schälen und in eine Schüssel reiben. Danach in ein Sieb geben und die ausgetretene Flüssigkeit in der Schüssel auffangen. Diese stehen lassen, bis sich die Stärke abgesetzt hat, dann die Flüssigkeit vorsichtig abgießen. Die Zwiebel ebenfalls reiben, mit der Kartoffelmasse und dem Ei zu der Kartoffelstärke geben und gut mischen. Mit Salz, Pfeffer und Muskat abschmecken.

Öl in der Pfanne erhitzen und vier gleich große Kartoffelpuffer darin goldbraun ausbacken.

Die saure Sahne mit der Petersilie vermischen und mit Salz und Pfeffer abschmecken. Die Kartoffelpuffer mit der Kräutercreme zusammen servieren.

Armer Ritter

Zubereitung

Die Weißbrotscheiben in Milch einweichen, so dass sie gut getränkt sind und danach in den verquirlten Eiern wenden.

In der mit Öl erhitzten Pfanne von beiden Seiten goldbraun braten.

Mit Zucker, Zimtzucker oder Honig servieren.

Zutaten (2 Personen)
4 Scheiben Weißbrot
(trockene, ältere
Scheiben oder auch
halbierte Brötchen
vom Vortag)
1/4 l Milch
2 Eier
Öl
Zucker
Honig

Gazpacho

Zutaten *(4 Personen)*
1 kleine Salatgurke
1 grüne Paprikaschote
500 g reife Tomaten
1/2 Gemüsezwiebel
3 Knoblauchzehen
3 EL Olivenöl
2 EL Weißweinessig
2 EL Zitronensaft
2 EL Tomatenmark
500 ml Tomatensaft
Salz
Pfeffer
2 Stangen Lauchzwiebeln
Knoblauchbaguette

Zubereitung

Die Paprikaschote sehr fein hacken, die Gemüsezwiebel grob hacken und die Knoblauchzehen durchpressen. Nun die Gurke grob reiben und in einer Schüssel mit der Paprikaschote mischen. Tomaten, Zwiebel und Knoblauch mit einem Pürierstab pürieren. Dann Öl, Essig, Zitronensaft und Tomatenmark hinzufügen und alles zu einer glatten Masse verarbeiten.

Diese Masse zu der Paprika-Gurken-Mischung geben und wiederum alles gut vermengen. Dann den Tomatensaft zugeben und gut verrühren. Zum Schluss nach Belieben würzen, den Topf mit Frischhaltefolie abdecken und mindestens 6 Stunden durchkühlen und durchziehen lassen.

Tipp: Mit dünnen Lauchzwiebelringen bestreuen und mit Knoblauchbaguette servieren.

Gedünstete Champignons

Zutaten *(2 Personen)*
400 g Champignons
2 EL Butter
1 TL Zitronensaft
Mehl
4 EL Sahne
Salz
Pfeffer
1 Bund Petersilie

Zubereitung
Die Champignons putzen, waschen und eventuell in Scheiben schneiden. Das Fett in einer Pfanne erhitzen und die Pilze darin andünsten. Zitronensaft hinzufügen und rund 10 Minuten langsam im eigenen Saft zugedeckt garen lassen.

Mit dem Mehl bestäuben, die Sahne dazugießen, mit Salz und Pfeffer würzen und aufkochen lassen.

Mit der gehackten Petersilie bestreut servieren.

Paprikarisotto

Zubereitung

Paprikaschoten in Streifen schneiden, Gemüsezwiebel würfeln und die Knoblauchzehe hacken. Öl in einem Topf erhitzen, Zwiebeln und Knoblauch darin glasig andünsten.

Dann die Paprikastreifen dazugeben und kurz mitschmoren. Die Gemüsebrühe dazugießen und aufkochen lassen. Nun den Reis hinzugeben, mit Salz, Pfeffer und Paprika würzen und zugedeckt ca. 15 bis 20 Minuten garen lassen.

Vor dem Anrichten abschmecken und mit den gehackten Kräutern garnieren.

Zutaten (4 Personen)
2 kleine
Paprikaschoten
1 Gemüsezwiebel
1 Knoblauchzehe
2 EL Öl
1 TL Paprika edelsüß
1/2 l Gemüsebrühe
150 g Langkornreis
Salz
Pfeffer
1 EL gehackte Kräuter

Gemüsetopf

Zubereitung

Aubergine und Gemüsezwiebel würfeln, Broccoli in Röschen teilen. Dann Zucchini in Streifen schneiden und die Knoblauchzehe hacken. In einem Topf Öl erhitzen und die Zwiebel sowie den Knoblauch andünsten, dann kommen die Auberginenwürfel dazu.

Jetzt nach und nach das restliche Gemüse dazugeben und alles zusammen ca. 15 Minuten dünsten. Mit Salz, Pfeffer und Muskat abschmecken und zum Schluss mit Weißwein ablöschen.

Nochmals rund 5 Minuten köcheln lassen und dann servieren.

Zutaten (4 Personen)
1 Aubergine
1 Broccoli
250 g Champignons
je 1 gelbe
und grüne Zucchini
1 Gemüsezwiebel
1 Knoblauchzehe
4 EL Öl
1 Tasse Weißwein
Salz
Pfeffer
Muskat

Pasta in zahlreichen Variationen

Nudeln – oder italienisch: Pasta sind reich an Kohlenhydraten und enthalten kaum Fett.

Sie machen lange satt, aber nicht dick. Das gilt vor allem für die italienischen Hartweizenpasta. 100 g davon enthalten 70 g Kohlenhydrate, 5 g Ballaststoffe und nur 1,2 g Fett.

Eiernudeln und Spätzle enthalten mehr Fett und Cholesterin als Hartweizen-pasta – bei erhöhtem Cholesterinspiegel sollte der gesundheitsbewusste Camper also besser Nudeln ohne Ei aus dem Geschäft mitbringen.

Bei den vielen verschiedenen Formen und Farben hat er immer noch die Qual der Wahl! Rote Pasta enthält im Teig Tomaten, grüne Nudeln Spinat und bei den satt gelben Pasta ist Safran dabei.

Neben der Farbe entscheidet auch die Form über den Geschmack: *Spaghetti* gelten als die Klassiker der Nudeln: Sie sind ca. 26 cm lang und in unterschiedlichen Stärken erhältlich. Beliebt sind auch die röhrenförmigen Makkaroni.

Farfalle heißen übersetzt „Schmetterlinge", sehen aus wie solche bzw. wie eine Schleife mit gezackten Rändern.

Orecchiette, „Öhrchen", ähneln kleinen Muscheln. Bekannt sind auch die Penne, schräg angeschnittene Röhrchen mit geriffelter Oberfläche, sie gibt es auch als *Penne mezze* (halbe Penne) und *Penne lisce*, die „Schwestern" mit glatter Oberfläche.

Die als *Lasagne* bekannten langen Teigplatten, die in dem gleichnamigen Auflauf verwendet haben, kennt wohl jeder.

Das gilt auch für die *Cannelloni* (gefüllte Teigrollen) und die *Tortellini,* mit Spinat, Käse oder Hackfleisch gefüllte Hörnchen und ihre etwas größeren Schwestern, die *Tortelloni.*

Spaghetti in Rahmspinat
mit Parmaschinken

Zutaten *(2 Personen)*
250 g Spaghetti
250 g tiefgefrorenen
Blattspinat
1/2 Zwiebel
1 Knoblauchzehe
1 Becher Sahne
50 g Butter
Salz
Pfeffer
Muskat
100 g Parmaschinken

Zubereitung
Die Zwiebel würfeln und den Knoblauch hacken. Butter in eine vorgeheizte Pfanne geben und darin Zwiebeln und Knoblauch andünsten. Den aufgetauten Spinat hinzufügen, mit Sahne begießen und alles rund 15 Minuten köcheln lassen.

Mit Salz, Pfeffer und Muskat abschmecken und über die inzwischen gekochten und warmgestellten Spaghetti geben.

Parmaschinken in feine Streifen schneiden und darüber verteilen.

Nudeln mit Spinat und Pilzen

Zubereitung

Die Gemüsezwiebel vierteln und in Scheiben schneiden, die Champignons ebenfalls in Scheiben schneiden. Nudeln in kochendem Salzwasser bissfest garen.

Das Öl in der Pfanne erhitzen und die Zwiebel darin glasig dünsten. Pilze und Spinat hinzufügen und etwa 5 bis 6 Minuten garen lassen. Nun den Wein dazu geben, gut würzen und alles nochmals 1 bis 2 Minuten köcheln lassen.

Die Nudeln in eine Schale füllen und die Sauce darüber geben. Alles gut vermischen und vor dem Servieren mit gehobeltem Parmesankäse garnieren.

Zutaten (4 Personen)
500 g Farfalle
3 EL Sonnenblumenöl
1 Gemüsezwiebel
500 g Champignons
300 g Blattspinat
100 ml trockener
Weißwein
Salz
Pfeffer
gehobelter
Parmesankäse

Penne rigate mit Sommergemüse

Zutaten *(4 Personen)*
400 g Penne
1 Schalotte
je 1/2 rote und
gelbe Paprika
100 g Broccoli
100 g Blumenkohl
1 Zucchini
1 Stange Lauch
1 Möhre
1 Stange Sellerie
2 Stiele Basilikum
1 Knoblauchzehe
1 TL Olivenöl
3 TL Tomatenmark
schw. Pfeffer, Salz
8 Kirschtomaten

Zubereitung
Die Penne in reichlich Salzwasser bissfest kochen. Inzwischen Schalotte fein hacken und Paprika in feine Streifen schneiden. Broccoli und Blumenkohl waschen und in Röschen teilen. Zucchini, Lauch, Möhre und Sellerie in Scheiben schneiden und in sehr wenig Salzwasser im geschlossenen Topf einige Minuten bissfest dünsten.

Basilikum und Knoblauch fein hacken und im Olivenöl andünsten, Tomatenmark unterrühren und mit Pfeffer und Salz abschmecken. Vorbereitetes Gemüse hinzufügen und in der Sauce kurz ziehen lassen.

Nudeln abtropfen lassen, noch heiß mit dem Gemüse und der Sauce mischen. Mit den geviertelten Kirschtomaten anrichten.

Gebratene Nudeln mit Ei
und Tomatensauce

Zubereitung

Nudeln in reichlich Salzwasser bissfest kochen, 1 Tüte Tomatensauce nach Anleitung zubereiten.

In einer Pfanne mit etwas heißem Öl die gekochten Nudeln anbraten und mit Salz, Pfeffer und Muskat würzen. Die aufgeschlagenen Eier dazu geben und alles goldgelb braten.

Zusammen mit der Tomatensauce, eventuell auch mit Kochschinkenstreifen und einem frischen Salat servieren.

Zutaten (4 Personen)
250 g Spiralnudeln
6 Eier
Tomatensauce
aus der Tüte
Salz
Pfeffer
Muskat
Öl

Spaghetti Bolognese

Zutaten *(2 Personen)*
250 g Spaghetti
500 g Hackfleisch
1 Zwiebel
3 EL Tomatenmark
2 Knoblauchzehen
Salz
Pfeffer
Oregano
Basilikum
1/2 l Gemüsebrühe
Olivenöl
2 Lorbeerblätter

Zubereitung
Die Zwiebel fein würfeln und die Knoblauchzehen hacken.
Nun in einem Topf Olivenöl erhitzen und das Hackfleisch darin anbraten. Zwiebeln und Knoblauch dazugeben. Dann das Tomatenmark unterheben.

Mit der Gemüsebrühe aufgießen und langsam mit den Lorbeerblättern köcheln lassen. Dann mit Salz, Pfeffer, Oregano und Basilikum abschmecken.

Spaghetti in reichlich Salzwasser bissfest kochen und zusammen mit der Sauce Bolognese servieren.

Spaghetti mit Birnen-Walnuss-Sauce

Zutaten *(4 Personen)*
500 g Spaghetti
2 reife Birnen
1/4 l Gemüsebrühe
100 ml trockener
Weißwein
3 EL Butter
1 Zwiebel
50 g Walnüsse
1 EL Zitronensaft
100 g Edelpilzkäse
Oregano
Knoblauch
Salz
Pfeffer

Zubereitung

Die Birnen schälen, entkernen und in Scheiben schneiden. Die Zwiebel in Scheiben schneiden und die Walnüsse hacken. Die Spaghetti inzwischen aldente kochen und die Birnenscheiben mit Brühe und Weißwein bei geringer Hitze rund 10 Minuten dünsten.

Nun in einem Topf die Butter erhitzen und die Zwiebeln darin andünsten. Die Birnenscheiben mit ca. 4 EL des Fond sowie den zerkrümelten Edelpilzkäse dazugeben und bei geringer Hitze unter gelegentlichem Rühren köcheln lassen, damit der Käse schön schmilzt.

Nun die Sauce mit Oregano, Knoblauch, Salz, Pfeffer und Zitronensaft abschmecken und die Walnüsse dazu geben.

Zuletzt die Spaghetti vorsichtig unter die Birnen-Walnuss-Sauce heben und servieren.

Bandnudeln mit Broccoli-Käse-Sauce

Zubereitung

Den Broccoli waschen und in kleine Röschen teilen, den Edelpilzkäse zerkrümeln. Die Bandnudeln nach Packungsanweisung bissfest garen. In der Zwischenzeit die Broccoliröschen in Salzwasser ebenfalls aldente kochen. In einem großen Topf Mascarpone, den Edelpilzkäse und die Butter unter Rühren schmelzen lassen.
Mit Salz, Pfeffer und Oregano würzen. Dann die gut abgetropften Bandnudeln und die Broccoliröschen vorsichtig unterheben.
Kurz vor dem Servieren mit Parmesan bestreuen.

Zutaten (4 Personen)
500 g Bandnudeln
300 g Broccoli
400 g Mascarpone
150 g Edelpilzkäse
30 g Butter
Oregano
Salz
Pfeffer
Parmesan

Penne mit Oliven, Paprika
und Tomaten

Zutaten *(4 Personen)*
500 g Penne
4 EL Sonnenblumenöl
2 Knoblauchzehen
1 grüne und 1 gelbe
Paprikaschote
500 g Cherrytomaten
1/4 l trockener
Weißwein
3 EL schwarze Oliven
100 g Rauke
Salz
Pfeffer
Oregano

Zubereitung
Knoblauchzehen in dünne Scheiben schneiden, Paprika-schoten in dünne Streifen schneiden.
Die Cherrytomaten halbieren und die Oliven entkernen und vierteln. Penne im Salzwasser aldente kochen. Anschließend das Sonnenblumenöl in einer Pfanne erhitzen und den Knoblauch kurz anbraten. Dann die Paprikastreifen dazugeben und unter Rühren ca. 3 bis 4 Minuten schmoren. Nun die Cherrytomaten, den Wein und die Oliven hinzufügen und nochmals etwa 4 Minuten köcheln lassen.
Zum Schluss mit Oregano, Salz und Pfeffer würzen und die Penne unterheben.
Mit kleingehackter Rauke bestreut servieren.

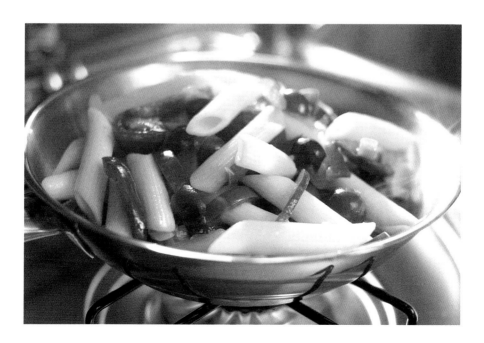

Pasta ascuitta

Zubereitung

Die Paprikaschoten würfeln, die Knoblauchzehe hacken. Olivenöl in einer Pfanne erhitzen und darin das Hackfleisch anbraten, Tomatenmark unterheben. Zwiebel, Paprika und Knoblauch dazugeben und alles gut miteinander vermengen. Mit der Gemüsebrühe ablöschen und ca. 30 Minuten köcheln lassen.

Dann mit Salz, Pfeffer, Oregano und 1 Prise Zucker abschmecken. Die Spiralnudeln in reichlich Salzwasser kochen.

Mit Parmesankäse bestreut servieren.

Zutaten (2 Personen)
250 g Spiralnudeln
500 g grobes
Hackfleisch
Olivenöl
2 EL Tomatenmark
1 Zwiebel
je 1 rote, gelbe und
grüne Paprikaschote
2 Knoblauchzehen
1/4 l Gemüsebrühe
Salz, Pfeffer, Oregano
1 Prise Zucker
Parmesankäse

Penne rigate in Käsesauce mit Rauke

Zutaten *(2 Personen)*
150 g Penne Rigate
80 g Butter
2 EL Mehl
125 g Sahne
1/4 l Gemüsebrühe
100 g geriebenen
Goudakäse
Salz
Pfeffer
Muskat
50 g gehackte Rauke

Zubereitung

Penne Rigate in reichlich Salzwasser bissfest kochen. Butter in einem Topf erhitzen und mit dem Mehl eine Mehlschwitze herstellen. Gemüsebrühe und Sahne dazugeben und alles mit dem Schneebesen glattrühren. Nun den geriebenen Käse hinzufügen und so lange köcheln lassen, bis eine glatte Käsesauce entsteht.

Mit Salz, Pfeffer und Muskat abschmecken und mit den Nudeln vermengen. Zum Schluss die gehackte Rauke darunter heben und servieren.

Muschelnudeln mit Gemüse

Zubereitung

Knoblauchzehe hacken, die Zwiebel und Tomaten würfeln, die Champignons vierteln. Zucchini, Paprika und den Porree in Streifen schneiden. Nun Zwiebeln und Knoblauch im erhitzten Öl in der Pfanne andünsten. Nach und nach das andere Gemüse dazugeben und würzen. Zum Schluss die Tomatenwürfel hinzufügen und die Muschelnudeln ebenfalls unter das Gemüse heben.

Zutaten (4 Personen)
250 g Muschelnudeln
Salz
Pfeffer
Paprika
1 Knoblauchzehe
1 Zwiebel
Olivenöl
250 g Champignons
1 gelbe Zucchini
1 rote Paprika
200 g Broccoliröschen
1 Stange Porree
3 Tomaten

Fleisch

Geflügel

Bauernfrühstück

Zutaten *(2 Personen)*
500 g Kartoffeln
1 mittelgroße Zwiebel
50 g durchwachsener
Speck
6 Eier
4 Scheiben
Katenrauchschinken
2 große
Gewürzgurken
Salz
Pfeffer
Paprika
Öl

Zubereitung
Die Kartoffeln kochen und pellen. Zwiebel und den Speck in Würfel schneiden. Die Pellkartoffeln in Scheiben schneiden.

Den durchwachsenen Speck in der Pfanne ausbraten, die Zwiebel dazugeben und glasig werden lassen. Dann die Kartoffelscheiben hinzufügen, mit Salz, Pfeffer und Paprika würzen und alles schön knusprig braten. Die aufgeschlagenen, verquirlten Eier darübergießen und langsam stocken lassen.

Das Bauernfrühstück nun auf ein Holzbrett oder Teller stürzen und mit Schinken und Gewürzgurken garniert servieren.

Strammer Max

Zubereitung

Die Vollkornbrotscheiben mit Butter bestreichen und mit Katenrauchschinken belegen.

Spiegeleier in heißem Öl in der Pfanne braten und obendrauf setzen.

Mit Gewürzgurken und/oder Mixed Pickles garniert servieren.

Zutaten (2 Personen)
4 Scheiben
Vollkornbrot
4 Scheiben
Katenrauchschinken
Butter
4 Eier
Öl
Salz
Pfeffer
Gewürzgurken
Mixed Pickles

Knoblauchpilze in Schmandsauce

Zutaten *(2 Personen)*
500 g Mischpilze
(Champignons,
Austernpilze,
Pfifferlinge)
2 Knoblauchzehen
100 g durchwach-
sener Speck
1 kleine Zwiebel
Salz
Pfeffer
1 Becher Schmand

Zubereitung

Die Pilze in Scheiben schneiden, die Knoblauchzehe pressen, Speck und Zwiebel würfeln.

Den durchwachsenen Speck in der Pfanne knusprig braten und die Zwiebeln goldgelb. Dann die Pilze hinzugeben und rund 10 Minuten schmoren lassen.

Nun mit Knoblauch, Salz und Pfeffer würzen – zum Schluss 1 Becher Schmand unterrühren.

Als Vorspeise oder kleinen Imbiss mit Toast oder Baguette servieren.

Schnitzel mit Pfifferlingen
und süßen Kartoffeln

Zubereitung

Zwiebel und Speck in Würfel schneiden. Die Schnitzel mit Salz, Pfeffer und Paprika würzen und panieren. Nun das Öl in einer Pfanne erhitzen und die Schnitzel langsam goldgelb braten.

Die süßen Kartoffeln schälen, vierteln und in Salzwasser etwa 15 bis 20 Minuten gar kochen.
Butter in einer zweiten Pfanne erhitzen und Zwiebeln und Speck darin anbraten. Die Pfifferlinge dazugeben und mit Salz und Pfeffer abschmecken.

Zum Schluss die Sahne einrühren und noch etwas einreduzieren.

Zutaten *(2 Personen)*
2 Schnitzel à 180 g
2 Eier
Paniermehl
500 g Pfifferlinge
1/2 Zwiebel
50 g durchwachsener Speck
50 g Butter
100 g Sahne
2 süße Kartoffeln
Salz
Pfeffer
Paprika
Öl

Schweinegulasch in Curry
mit Ananas und Äpfeln

Zutaten *(4 Personen)*
800 g Schweinefleisch
Öl
1 Zwiebel
1 EL Curry
Salz
Pfeffer
1/2 l Gemüsebrühe
2 Äpfel
250 g Ananas (Stücke)
1 EL frisch gehackter
Koriander

Zubereitung

Schweinefleisch, Zwiebel und Äpfel in Würfel schneiden. Öl im Topf erhitzen und das Schweinefleisch scharf anbraten, die Zwiebel dazugeben und glasig werden lassen. Dann die Apfel- und Ananasstücke hineingeben und mit dem Currypulver würzen. Mit der Gemüsebrühe auffüllen und etwa 40 bis 50 Minuten köcheln lassen.

Zum Schluss noch mit Salz, Pfeffer und Koriander abschmecken. Eventuell noch mit Mehl oder Mondamin binden.

Jungschweinebraten
auf Rübengemüse mit Bratenjus

Zutaten *(4 Personen)*
ca. 1 kg
Jungschweinbraten
1/2 Steckrübe
3 Möhren
1 EL Tomatenmark
2 Lorbeerblätter
Salz
Pfeffer
Paprika
30 g Butter
Prise Zucker
Mehl
Öl
1/2 l Wasser

Zubereitung
Den Braten würzen und von allen Seiten scharf anbraten. Tomatenmark ebenfalls mit anbraten und danach mit ca. 1/2 l Wasser ablöschen. Lorbeerblätter dazugeben und alles etwa 90 Minuten köcheln lassen. Den Braten dabei mehrmals wenden.

Steckrübe und Möhren schälen, in feine Streifen schneiden und in kochendem Salzwasser bissfest garen. Herausnehmen, in Butter schwenken und mit Salz, Pfeffer und 1 Prise Zucker abschmecken.

Den Braten herausnehmen und den Fond mit etwas Mehl oder Mondamin andicken.

Cordon bleu mit Zucchinigemüse

Zubereitung

Die Zwiebel würfeln. Die Schnitzel mit Salz, Pfeffer und Paprika würzen und mit je 1 Scheibe Käse und Kochschinken belegen. Zusammenklappen, gut panieren und im heißen Öl in der Pfanne langsam von beiden Seiten goldgelb braten.

50 g Butter in der Pfanne erhitzen und die gewürfelten Zwiebeln andünsten. Zucchini in Streifen schneiden, dazugeben und mitdünsten, bis sie noch bissfest sind. Mit dem Weißwein ablöschen und noch etwas köcheln lassen. Dann mit Salz und Pfeffer abschmecken.

Die Kartoffeln abtropfen lassen, ebenfalls in einer vorgeheizten Pfanne goldgelb braten und mit Salz, Pfeffer und Paprika würzen.

Zutaten (2 Personen)
2 dünne große
Schnitzel à 200 g
2 Scheiben Käse
2 Scheiben
Kochschinken
2 Eier
Paniermehl
1 Glas kleine runde
Kartoffeln
je 1 grüne und
1 gelbe Zucchini
1 Zwiebel
1 Tasse Weißwein
Salz, Pfeffer, Paprika
50 g Butter, Öl

Dicke Rippe auf Weißkohl-Lauch-Gemüse
mit gebratenen Kartoffelscheiben

Zutaten *(2 Personen)*
2 Rippchen à 300 g
500 g Weißkohl
1 Stange Lauch
250 g große
Kartoffeln
Salz, Pfeffer, Paprika
Muskat, Rosmarin
50 g Butter
Öl
1 Tasse Weißwein
3 EL Sahne
Prise Kümmel

Zubereitung
Die Rippchen würzen und in etwas Öl im Topf scharf anbraten. Mit 1/2 l Wasser ablöschen und etwa 60 bis 80 Minuten schmoren lassen.

Inzwischen die Kartoffeln gründlich säubern und mit Schale kochen. Danach auskühlen lassen und in dicke Scheiben schneiden.

Weißkohl und Lauch in Streifen schneiden, dann in Butter leicht andünsten und würzen. Nun mit Weißwein ablöschen und die Sahne dazugeben. Alles etwas einkochen lassen und zum Schluss mit 1 Prise Kümmel nochmals abschmecken.

Die Kartoffelscheiben in heißem Öl in der Pfanne von beiden Seiten braten und mit Salz, Pfeffer, Paprika und Rosmarin würzen.

Die Rippchen und die gebratenen Kartoffelscheiben auf dem Gemüse anrichten und servieren.

Schweinefilet-Geschnetzeltes

Zutaten *(4 Personen)*
600 g Schweinefilet
1 Gemüsezwiebel
250 g Champignons
125 ml Sahne
Salz
Pfeffer
Paprika
Öl

Zubereitung
Schweinefleisch in Streifen schneiden, die Gemüse-zwiebel würfeln und die Champignons in Scheiben schneiden.

Das Schweinefilet in etwas Öl scharf anbraten, dann die Zwiebeln und Champignons hinzugeben. Mit Salz, Pfeffer und Paprika würzen.

Abschließend mit Sahne ablöschen und etwas reduzieren lassen, bis alles schön sämig ist.

Schweinesteak
mit frischen Pfifferlingen

Zubereitung

Die Zwiebel in Würfel schneiden. Die Schweinesteaks mit Salz und Pfeffer würzen und im heißen Öl in der Pfanne von beiden Seiten ca. 5 bis 6 Minuten braten.

Butter in der Pfanne erhitzen und darin die Schinkenwürfel anbraten. Zwiebeln hinzufügen und glasig werden lassen. Nun die frischen Pfifferlinge dazugeben, alles mit Salz und Pfeffer abschmecken und noch rund 10 Minuten schmoren lassen.

Zutaten (2 Personen)
2 Schweinesteaks
aus der Karbonade
à 200 g
Öl
Butter
500 g frische und
geputzte Pfifferlinge
1 Zwiebel
100 g Schinken
Pfeffer
Salz

Hackbraten mit Auberginen

Zutaten *(4 Personen)*
1 kg Hackfleisch
1 Zwiebel
4 Eier
1 EL Senf
Salz
Pfeffer
Muskat
Paprika
Öl
2 Auberginen

Zubereitung

Die Zwiebel in Würfel schneiden. Das Hackfleisch, Zwiebeln, Eier, Senf und die Gewürze in einer großen Schale gut durcharbeiten, bis eine feste Bindung entsteht. Gut abschmecken.

Aus der Masse 2 kleine Brote formen und in einem geeigneten Topf mit erhitztem Öl von beiden Seiten anbraten. Mit etwas Wasser angießen und im geschlossenen Topf rund 40 Minuten garen lassen.

Auberginen in grobe Würfel schneiden und mit Öl in einer vorgeheizten Pfanne etwa 15 Minuten braten.

Mit Salz, Pfeffer und Paprika abschmecken und mit dem Hackbraten servieren.

Frikadellen

Zutaten *(4 Personen)*
1 kg Hackfleisch
1 Zwiebel
4 Eier
2 eingeweichte
Brötchen
1 EL Senf
Salz
Pfeffer
Muskat
Paprika
Öl

Zubereitung
Das Hackfleisch in eine Schüssel geben – die einge-
weichten und ausgedrückten Brötchen sowie alle
anderen Zutaten ebenfalls hinzufügen. Nun alles gut
durcharbeiten, bis eine schöne Bindung entsteht.

Zum Schluss nochmals abschmecken und je nach Bedarf
nachwürzen.

Öl in der Pfanne erhitzen und die Frikadellen darin
langsam braten, bis sie schön braun und durch sind.

Pikantes Wurstgulasch

Zubereitung

Zwiebeln hacken und die Currywurst in Scheiben schneiden. Die geschälten Tomaten würfeln. Dann die Kartoffeln schälen und würfeln, die Möhre schälen und in Scheiben schneiden. Die Paprika und Gemüsezwiebel in Streifen schneiden. Öl in einem Topf erhitzen und die gehackten Zwiebeln darin bei mittlerer Hitze goldbraun braten. Nun die Wurstscheiben dazugeben, mit Paprikapulver bestreuen und leicht anbraten. Anschließend das gesamte Gemüse in den Topf geben und nach etwa 10 Minuten mit Gemüsebrühe ablöschen. Zum Schluss die Tomatenstücke hinzufügen und alles köcheln lassen. Nach weiteren 20 Minuten mit Salz, Pfeffer und einer Prise Chilipulver abschmecken.

Tipp: Zum pikanten Wurstgulasch passen gut Makkaroni oder Spiralnudeln sowie ein leckerer Blattsalat.

Zutaten (4 Personen)
3 EL Olivenöl
2 mittelgr. Zwiebeln
500 g Currywurst
1 EL Paprikapulver
1 Prise Kümmel
Salz, Pfeffer
1 Dose
geschälte Tomaten
500 g Gemüsebrühe
2 große Kartoffeln
1 große Möhre
je 1 grüne, rote und
gelbe Paprikaschote
1 Gemüsezwiebel
Prise Chilipulver

Schweinebraten mit Gemüse

Zutaten (6 Personen)
1,5 kg Schweine-
nacken ohne Knochen
Öl
50 g Butter
1 Stange Porree
1/2 Sellerie
1 Zwiebel
1 dicke Karotte
3 Tomaten
1 EL Tomatenmark
1 Knoblauchzehe
Salz
Pfeffer
Oregano

Zubereitung

Den Schweinebraten mit Salz und Pfeffer würzen und in einem Topf mit etwas heißem Öl von allen Seiten scharf anbraten. Mit etwa 3/4 l Wasser ablöschen und bei geschlossenem Deckel ca. 80 bis 100 Minuten schmoren lassen. Hin und wieder mal wenden. Derweil den Porree in Streifen schneiden, Sellerie, Zwiebel und Karotte würfeln. Dann die Tomaten vierteln und die Knoblauchzehe hacken. Das Gemüse in einem Topf mit Butter andünsten, Tomatenmark hinzufügen und leicht schmoren lassen.

Nun mit einer Tasse Fond vom Schweinebraten ablöschen, etwas reduzieren lassen und dann mit Salz, Pfeffer, Oregano und Knoblauch würzen.

Den Schweinebraten in Scheiben schneiden, auf dem Gemüse anrichten und servieren.

Rindergulasch

Zubereitung

Rindergulasch im Bratentopf scharf anbraten, Tomatenmark und Zwiebeln hinzufügen und ebenfalls mitanbraten.

Dann mit 1/2 l Wasser ablöschen und mit den Lorbeerblättern gar dünsten. Nachwürzen und mit Mehl oder
Mondamin binden.

Zum Schluss nochmals abschmecken und – wenn Sie
mögen – mit Sahne verfeinern.

Zutaten (4 Personen)
1 kg mageres
Rindergulasch
2 mittelgr. Zwiebeln
3 EL Tomatenmark
1/2 EL Mehl
4 EL Sahne
etwas Öl
Salz
Pfeffer
3 Lorbeerblätter
1 EL Paprika

Rinderbraten mit Rahmsauce,
Gemüse und Salzkartoffeln

Zutaten *(4 Personen)*
1 kg Rinderbraten
1 EL Tomatenmark
500 g Blumenkohl
250 g Broccoli
500 g Kartoffeln
Öl
Butter
Salz, Pfeffer
Muskat
3 Lorbeerblätter
3 Wacholderbeeren
Mehl
125 g Sahne

Zubereitung
Den Rinderbraten mit Salz und Pfeffer würzen, dann mit etwas Öl scharf im Bratentopf anbraten. Tomatenmark auch mitanbraten und anschließend mit ca. 1/2 l Wasser ablöschen. Lorbeerblätter und Wacholderbeeren dazugeben und rund 90 bis 120 Minuten schmoren lassen.

Blumenkohl und Broccoli waschen, putzen und in kleine Röschen teilen. Im Salzwasser mit etwas Butter und Muskat etwa 8 bis 10 Minuten blanchieren.

Den Bratenfond mit etwas Mehl oder Mondamin binden. Nochmals abschmecken und mit Sahne verfeinern.

Lammkeule mit Speckbohnen
und Röstkartoffeln

Zutaten *(4 Personen)*
1 Lammkeule
500 g tiefgefrorene
Prinzessbohnen
1/2 Zwiebel
50 g durchwachsener
Speck
Öl
50 g Butter
Salz, Pfeffer
Paprika
Thymian
Bohnenkraut
3/4 l Wasser
1 EL Tomatenmark
1 Glas kleine runde
Kartoffeln

Zubereitung
Zwiebel und Speck in Würfel schneiden, die Knoblauchzehe hacken. Nun die Lammkeule mit Salz, Pfeffer und
Thymian würzen und mit dem feingehackten Knoblauch
einreiben.

In einem vorgeheizten Topf die Lammkeule von allen
Seiten gleichmäßig anbraten. Tomatenmark jetzt ebenfalls im Topf mit anbraten, dann mit Wasser ablöschen.
Im geschlossenen Topf etwa 90 Minuten langsam
köcheln lassen. Die Keule hin und wieder wenden.

Kleine, runde Kartoffeln aus dem Glas trocken tupfen
und in einer heißen Pfanne goldgelb braten. Mit Salz,
Pfeffer und Paprika würzen.

Butter in einer weiteren Pfanne erhitzen und den Speck
mit den Zwiebeln darin anbraten. Die aufgetauten
Bohnen hinzugeben und alles etwas schmoren lassen.
Mit Salz, Pfeffer und Bohnenkraut abschmecken.

Reisfleisch

Zutaten *(4 Personen)*
600 g Rindfleisch
je 1 rote,
grüne und
gelbe Paprika
1 Gemüsezwiebel
1 Dose Mais
2 EL Tomatenmark
1/2 l Gemüsebrühe
Salz,
Pfeffer
Chili,
Paprika
1 Knoblauchzehe
150 g Langkornreis
Öl

Zubereitung

Rindfleisch, Paprika und Gemüsezwiebel in Würfel schneiden, die Knoblauchzehe hacken. Den Langkornreis in reichlich Salzwasser gar kochen.

In einem Topf Öl erhitzen und das Rindfleisch scharf anbraten. Zwiebeln dazugeben und mitschmoren lassen. Tomatenmark hinzufügen, mit der Gemüsebrühe auffüllen und zum Kochen bringen. Nach und nach Paprika und Mais hineingeben und mitköcheln lassen.

Mit Salz, Pfeffer, Knoblauch, Paprika und einer Prise Chili abschmecken. Zum Schluss den Reis unterheben und alles gut miteinander vermengen.

Tipp: Mit einem frischen Krautsalat servieren.

Putensteak mit Champignons
und grünen Bohnen

Zubereitung

Champignons in Scheiben schneiden, Gemüsezwiebel und Speck würfeln. Die Putensteaks mit Salz, Pfeffer und Paprika würzen und in einer heißen Pfanne von beiden Seiten etwa 3 bis 4 Minuten braten.

Die Champignons in etwas Butter zusammen mit der Hälfte der Zwiebeln anbraten und mit Salz und Pfeffer abschmecken.

Für die Bohnen Speck in der Pfanne auslassen und mit den restlichen Zwiebeln anbraten. Dann die abgetropften Bohnen dazugeben und ebenfalls mit Salz, Pfeffer und Bohnenkraut würzen.

Zutaten (2 Personen)
2 Putensteaks à 180 g
500 g Champignons
250 g Prinzessbohnen
aus der Dose
1 Gemüsezwiebel
50 g durchwachsener
Speck
Öl
50 g Butter
Salz, Pfeffer
Paprika
Bohnenkraut

Putenbrustpfanne mit buntem Gemüse

Zutaten *(4 Personen)*
600 g Putenbrust
je 1 grüne und
1 gelbe Zucchini
je 1 grüne,
gelbe und
rote Paprika
1 Gemüsezwiebel
250 g Champignons
1 EL gehackte
Petersilie
Öl
Salz
Pfeffer
Prise Kurkuma

Zubereitung
Putenbrust in Würfel schneiden, Gemüse waschen, putzen und alles in Streifen schneiden und die Champignons vierteln.

Öl in einer Pfanne erhitzen und die gewürfelte Putenbrust darin scharf anbraten. Nun das Gemüse dazugeben und mit anbraten, bis das Gemüse bissfest ist.

Zum Schluss würzen und mit der Petersilie bestreut servieren. Je nach eigener Vorliebe können Sie Reis oder Baguette dazu servieren.

Putenragout auf Reis

Zubereitung

Das Putenbrustfleisch würfeln und im Salzwasser mit etwas Gemüsebrühe rund 10 Minuten kochen lassen. Den Fleischfond abgießen und in einem Topf aufbewahren.

Nun mit der Butter und dem Mehl eine Mehlschwitze herstellen und mit ca. 1/2 l des aufbewahrten Fleischfonds auffüllen. Das ganze unter ständigem Rühren zum Kochen bringen, bis eine stabile Konsistenz erreicht ist. Nun die Putenbrustwürfel dazugeben und mit Salz, Pfeffer, Muskat, Weißwein und Zitrone abschmecken. Zum Schluss die Sahne unterheben.

Mit dem gekochten Reis, Gurken- oder Blattsalat servieren.

Zutaten (4 Personen)
600 g Putenbrust-
fleisch
125 g Sahne
80 g Butter
2 EL Mehl
Gemüsebrühe
150 g Langkornreis
Salz
Pfeffer
Muskat
etwas Weißwein
1 Spritzer Zitrone

Hähnchenbrust im Schinkenmantel
mit Spitzkohl-Paprika-Rahm

Zutaten (4 Personen)
4 Hähnchenbrüste
4 Scheiben
Katenrauchschinken
1 Spitzkohl
je 1 gelbe,
grüne und
rote Paprika
Öl
Salz, Pfeffer
Paprika edelsüß
Muskat
50 g Butter
1 Becher
Crème fraîche

Zubereitung
Die Hähnchenbrüste mit Salz, Pfeffer und Paprika würzen
und mit einer Scheibe Katenrauchschinken umwickeln.
Etwas Öl in einer Pfanne erhitzen und die Hähnchenbrüste darin von beiden Seiten anbraten und garen.

Spitzkohl und Paprika waschen und in Streifen
schneiden. Butter im Topf erhitzen und das Gemüse
darin leicht garen. Mit Salz, Pfeffer, Muskat und Zitronenpfeffer abschmecken, und zum Schluss Crème fraîche
unterziehen.

Die Hähnchenbrust in ca. 1 cm dicke Scheiben schneiden und auf dem Gemüse anrichten. Reis oder auch
Kartoffelpüree passen sehr gut als Beilage.

Hähnchenfilet-Pfanne mit Gemüse

Zubereitung

Hähnchenbrustfilets in feine Streifen schneiden und beiseite stellen. Die Champignons, Möhren, Paprika und Zucchini waschen, nach Bedarf schälen und in feine Streifen schneiden. Nun in einer großen Pfanne oder in einem Wok das Rapsöl erhitzen und die Hähnchenbruststreifen scharf anbraten. Nach und nach das Gemüse dazugeben und ca. 5 bis 8 Minuten unter ständigem Rühren mitbraten lassen. Zum Schluss die Sojasprossen unterheben und mit den Gewürzen nach Geschmack vorsichtig abschmecken. Vor dem Servieren mit Radieschensprossen und gehackter Petersilie abstreuen.

Zu diesem Essen passt hervorragend Basmatireis, den Sie extra dazu reichen oder gleich in der Pfanne untermischen können.

Zutaten (2 Personen)
2 Hähnchenbrustfilets
200 g Champignons
200 g Paprika bunt
100 g Möhren
200 g Zucchini
50 g Sojasprossen
50 g Radieschen-
sprossen
1 Bund Petersilie
1/2 Tasse Rapsöl
Salz
Zitronenpfeffer
Zucker, Curry, Chili
Ingwer, Koriander
Knoblauch

Gebratene Hähnchenteile
mit Austernpilzen und Kartoffelecken

Zutaten *(2 Personen)*
1 Hähnchen
500 g Austernpilze
500 g Kartoffeln
1 Zwiebel
Öl
50 g Butter
Salz
Pfeffer
Paprika
Curry
gehackte Petersilie

Zubereitung

Das Hähnchen in Stücke teilen, Austernpilze in Streifen schneiden und die Zwiebel würfeln.
Die Hähnchenteile mit Salz, Pfeffer und Curry würzen. Dann in einer heißen Pfanne scharf anbraten und mehrmals wenden, bis die Hähnchenteile gar sind.

Die Kartoffeln gut säubern und mit Schale gar kochen. Dann achteln, würzen und im heißen Öl in der Pfanne knusprig braten.

In einem Topf die Butter erhitzen und die Zwiebeln darin glasig werden lassen. Dann die Austernpilze dazugeben und mit Salz und Pfeffer abschmecken. Ca. 10 Minuten köcheln lassen, dann mit den Kartoffelecken und den Hähnchenteilen servieren.

Geflügel bietet viele Vitamine und Mineralstoffe

Bei Ernährungsexperten führt das Hähnchen – verglichen mit seinen gefiederten Brüdern und Schwestern – die Hitliste in Sachen Mineralstoffe, Vitamine und geringem Fettanteil an.

Das schmackhafte Geflügelfleisch enthält viel hochwertiges Eiweiß, das der Körper gut in eigenes Eiweiß umwandeln kann.

Hähnchenfleisch zeichnet sich durch einen hohen Gehalt an Magnesium aus: Das ist gut für die Herz- und Muskelfunktionen und beugt Muskelkrämpfen vor. 100 g Hähnchenfleisch haben nur 1 bis 6 g Fett, Putenfleisch kommt da schon auf bis zu 10 g. Pute hat jede Menge Zink zu bieten und stärkt so das Immunsystem.
Mit 17 g Fett bringt die Ente da bedeutend mehr Fett auf die Waage. Dafür steckt viel Eisen im Entenfleisch: Der Mineralstoff ist wichtig für die Sauerstoffversorgung der Zellen, regt so die Fettverbrennung im Körper an und ist gut für die Konzentration.

Reichlich Fett hat auch das leckere Gänsefleisch mit 30 g pro 100g, bietet aber viel Eisen und viel Kalium.

Das Kalium kurbelt Muskel – und Nervenfunktionen mächtig an. Auf dem letzten Platz landet bei Ernährungsexperten das Suppenhuhn. Es darf älter werden als die Schlachthähnchen und sammelt darum auch mehr Fett an. 100 g enthalten satte 20 bis 23 g Fett.

Was letzlich in Ihrem Kochtopf landet, entscheiden natürlich Sie!

Fisch

Zanderfilet mit Zuckerschotengemüse

Zutaten *(4 Personen)*
500 g Zuckerschoten
250 g Kirschtomaten
4 Schalotten
Salz
800 g Zanderfilet
30 g Margarine
Pfeffer
100 ml Weißwein
200 g Schmelzkäse
1/2 Bund Dill
100 g Mehl

Zubereitung

Die Zuckerschoten und Kirschtomaten putzen und waschen. Schalotten schälen und fein würfeln. Das Zanderfilet kalt abspülen, trocken tupfen und mit Zitronensaft beträufeln. Filet in Portionsgröße schneiden, mehlieren und im heißen Fett ca. 10 Minuten braten – dabei mehrmals wenden. Mit Salz und Pfeffer würzen, anschließend aus der Pfanne nehmen und warm stellen. Nun die Zuckerschoten und Schalotten im Bratfett etwa 5 Minuten dünsten. Dann die Tomaten hinzufügen und 2 Minuten mitgaren lassen – Wein angießen und auf-kochen lassen.

Zum Schluss den Schmelzkäse einrühren und mit Salz und Pfeffer abschmecken. Den Fisch auf das Gemüse legen, mit gehacktem Dill bestreuen und servieren. Mit Salzkartoffeln, Reis oder auch nur Baguettebrot servieren.

Zanderfilet auf Blattspinat

Zubereitung

Die Gemüsezwiebel würfeln und den Knoblauch hacken.
Die Zanderfilets von beiden Seiten salzen, pfeffern und
mit Zitrone etwas säuern. Dann in Mehl wenden und
in einer heißen Pfanne von jeder Seite ca. 3 Minuten
braten. Die Hautseite immer zuerst anbraten.

Butter in einer zweiten Pfanne erhitzen und die Zwiebel
darin glasig werden lassen. Dann den aufgetauten Blattspinat dazu geben. Sahne und Senf ebenfalls hinzufügen
und alles etwas köcheln lassen. Nun alles mit Knoblauch,
Salz und Pfeffer abschmecken.

Die Zanderfilets auf dem Blattspinat anrichten und mit
Zitrone und Dill servieren.

Zutaten (2 Personen)
2 Zanderfilets
etwas Mehl
Öl
Zitrone
Salz
Pfeffer

500 g tiefgefrorener
Blattspinat
1/2 Gemüsezwiebel
1 Knoblauchzehe
125 g Sahne
1 TL Senf
50 g Butter

Gebratenes Lachssteak

Zutaten *(4 Personen)*
4 Lachssteaks ohne
Haut, je ca. 150 g
1 kg Pellkartoffeln
Olivenöl
Salz
Pfeffer

Für die Minz-Senf-
Marinade
1 Bund frische Minze
4 EL Senf
1/2 TL Paprika
Saft einer Zitrone
2 EL Olivenöl
Salz
Pfeffer

Zubereitung
Für die Marinade die Minzblätter waschen, trocken
tupfen und fein hacken. In eine Schale geben, die restlichen Zutaten hinzufügen und alles gut vermengen.
Mit Salz und Pfeffer würzen. Die Lachssteaks mindestens für 1 Stunde in dieser Marinade ziehen lassen.

In der Zwischenzeit die gekochten und gepellten Kartoffeln in etwas Olivenöl, Salz und Pfeffer wälzen
und goldgelb braten.

Die Lachssteaks aus der Marinade nehmen und in
heißem Öl in der Pfanne von beiden Seiten braten.

Mit den Kartoffeln und evtl. grünem Salat servieren.

Seelachsfilet mit Blattspinat

Zubereitung

Die Seelachsfilets waschen und mit einem Tuch gut abtupfen. Mit Salz und Pfeffer bestreuen und mit Zitrone beträufeln. In einer Pfanne die Butter erhitzen und den portionierten Seelachs hineingeben. Der Seelachs sollte von allen Seiten gut angebraten sein und eine schöne goldgelbe Farbe bekommen.

In der Zwischenzeit den Blattspinat mit den gehackten Zwiebeln in eine mit Olivenöl erhitzte Pfanne geben. Mit Salz, Pfeffer und gehacktem Knoblauch abschmecken. Zum Schluss die süße Sahne über den Blattspinat gießen und das Ganze etwas einreduzieren lassen. Wenn der Blattspinat schön cremig geworden ist, wird alles auf einem angewärmten Teller mit einer leckeren Kapernsauce angerichtet und serviert. Zitrone und Dill eignen sich wunderbar als Garnitur. Tipp: Dieses Gericht kann auch mit anderen Fischfiletsorten hergestellt werden.

Zutaten *(4 Personen)*
600 g Seelachsfilet
600 g blanchierter
Blattspinat
2 Tassen gehackte
Zwiebeln
1 Tasse süße Sahne
1 TL gehackter Knob-
lauch
Olivenöl
Butter
Zitrone
Salz
Pfeffer
Kapernsauce

Frikassee vom Rotbarsch

Zutaten *(2 Personen)*
400 g Rotbarsch
2 EL Obstessig
3/8 l Wasser
1 Päckchen
helle Sauce
3 EL Sahne
Salz
Muskatnuss
200 g Spargel

Zubereitung
Das Fischfilet waschen, trocken tupfen und in kleine Würfel schneiden. Dann 2 EL Obstessig mit Wasser auf 1/4 l Flüssigkeit auffüllen und mit Salz und Muskat aufkochen lassen. Die Fischwürfel darin gut 10 Minuten ziehen lassen.

Inzwischen den Spargel waschen, schälen, dann in Stückchen schneiden und in Salzwasser garen. Den Fisch und auch den Spargel über ein Sieb gießen und den Fond aufbewahren.

Nun 1/8 ! Spargelfond und 1/8 l Fischsud in einen Topf geben und die helle Sauce einrühren und aufkochen lassen. Die Sahne in die Sauce rühren, dann den Fisch und den Spargel dazugeben.
Eventuell noch einmal mit Muskat abschmecken.

Garnelen mit grünen Bohnen

Zubereitung

Die Zwiebel und den Knoblauch fein würfeln, das Zitronengras fein schneiden. Die Bohnen waschen, putzen und schräg in feine Streifen schneiden. Zwiebeln, Knoblauch und Lorbeerblätter in heißem Öl – bei mittlerer Hitze in einem Topf weich dünsten.

Nun Bohnen, Mandeln und Gewürze unterrühren und kurz mitschmoren. Dann die Kokosmilch und den Essig dazugießen und nochmals etwa 10 Minuten kochen lassen. Mit Salz und Pfeffer abschmecken.

Zum Schluss die Garnelen unterheben und weitere 10 Minuten garen lassen. Mit Zitronengras garnieren und servieren.

Zutaten *(2 Personen)*
400 g grüne Bohnen
2 Lorbeerblätter
1 Zwiebel
3 EL Öl
Salz
Pfeffer
Prise Kurkuma
2 EL Mandelblätter
400 ml Kokosmilch
2 TL Essig
250 g geschälte Garnelen
1 St. Zitronengras
3 Knoblauchzehen

Miesmuscheln nach friesischer Art

Zutaten *(4 Personen)*
3 kg Miesmuscheln
500 g Sellerie
500 g Möhren
500 g Porree
50 g Butter
3 mittelgroße
Zwiebeln
12 Pfefferkörner
2 Prisen Salz
1/2 l Weißwein

Zubereitung

Die Muscheln unter kaltem, fließendem Wasser gründlich schrubben und waschen. Nun das ganze Gemüse in Streifen schneiden und in der zerlassenen Butter anschwitzen. Den Weißwein dazugeben und mit Salz und Pfefferkörnern abschmecken. Den Muschelsud nun ca. 10 bis 15 Minuten vorkochen lassen.

Danach die Muscheln hinzufügen: Bei starker Hitze und geschlossenem Topf etwa 6 bis 8 Minuten kochen lassen.

Die Muscheln mit der Kelle herausnehmen und heiß mit dem Muschelsud und dem Gemüse servieren. Zu den Muscheln isst man Schwarzbrot mit Butter und serviert ein „kühles Blondes".

Fischpfanne

Zubereitung

Das Sonnenblumenöl in einer großen Pfanne erhitzen und die in kleine Scheibchen geschnittene Knoblauchzehe darin anbraten. Das Gemüse putzen, waschen und in Streifen bzw. dünne Ringe schneiden, dazugeben und etwa 10 Minuten schmoren lassen, dann mit dem Fischfond ablöschen.

In der Zwischenzeit die Seelachsfilets waschen, trocken tupfen und in kleine Würfel schneiden. Mit dem Zitronensaft beträufeln, dann ebenfalls zum Gemüse geben und bei kleiner Flamme ca. 5 bis 7 Minuten dünsten lassen.

Zum Schluss noch das Töpfchen Crème fraîche unterheben, mit Salz, Pfeffer und Muskat abschmecken und mit Schnittlauchringen bestreuen. Reis oder frisches Baguette passen gut dazu.

Zutaten (4 Personen)
600 g Seelachsfilet
2 EL Zitronensaft
1 Zucchini
je 1 gelbe und 1 rote
Paprika
1 Gemüsezwiebel
1 Bund Frühlings-
zwiebeln
1 Knoblauchzehe
1/4 l Fischfond
1 Töpfchen
Crème fraîche
Salz, Pfeffer, Muskat
Schnittlauch
Sonnenblumenöl

Baked Potato mit Kräuterquark
und frischen Nordseekrabben

Zutaten *(2 Personen)*
2 große Grillkartoffeln
250 g Magerquark
125 ml Sahne
Schnittlauch
Petersilie
Dill
Salz, Pfeffer
Prise Zucker
1 EL Kräuteressig
200 g frische
Nordseekrabben
Alufolie

Zubereitung

Schnittlauch, Petersilie und Dill hacken. Die Kartoffeln gar kochen (etwa 60 Minuten) und dann in Alufolie einwickeln – so kann man die Kartoffel besser anfassen und auslöffeln.

Quark, Sahne, Kräuter, Salz, Pfeffer, Zucker und Essig zusammen in eine Schüssel geben und alles mit einem Schneebesen oder Mixer schön glatt und cremig rühren.

Nun die Kartoffeln längs aufschneiden, etwas auseinander drücken und den Quark gleichmäßig darauf verteilen. Zum Schluss die Krabben obendrauf legen und servieren.

Gekochter Dorsch im Gemüsebeet
mit Senfsauce

Zutaten *(4 Personen)*
4 Dorschfilets á 200 g
15 g Fischgewürz
1/2 Zitrone
Essig
Salz

Für die Senfsauce
60 g Butter
40 g Mehl
0,5 l Milch
4 EL Senf
Salz, Pfeffer
Zucker, Muskat

Zubereitung

2 l Wasser zum Kochen bringen und eine halbe Tasse Essig, 1 TL Salz und Zitronenschale zufügen. Das Fischgewürz in einem Tee-Ei oder Leinenbeutel einige Minuten mitkochen lassen. Die Filets in den Fischfond geben und 10 Minuten darin ziehen lassen.

Für die Sauce Butter in einem Topf zerlassen, das Mehl unterrühren und den Senf dazu geben. Unter ständigem Rühren die Milch dazu gießen. Wenn die Sauce dick und glatt ist, reduzieren Sie die Hitze und lassen alles noch einige Minuten köcheln.

Mit Salz, Pfeffer, Muskat und Zucker abschmecken.

Gebratene Scampis

Zubereitung

In einer Pfanne mit heißem Olivenöl die kleingeschnitte-
nen Schalotten und die halbierten Knoblauchzehen andünsten.

Die Scampis hinzufügen und alles mit Salz und 1 Prise
Chilipulver würzen.

Mehrmals wenden und dann in der Pfanne mit Baguette
servieren.

Zutaten (2 Personen)
600 g Scampis
mit Schale ohne Kopf
Olivenöl
2 Schalotten
3 Knoblauchzehen
Salz
Prise Chilipulver

Desserts

Zitronen-Limonen-Creme

Zutaten *(4 Personen)*
50 g Zucker
geriebene Schale
und Saft von jeweils
1 kleinen Zitrone und
1 Limone
50 ml Marsala oder
Sherry medium
250 ml süße Sahne
Zitronen- und
Limonenschale zum
Garnieren

Zubereitung

Zucker, Schalen und Säfte der Zitrusfrüchte sowie den Marsala in eine Schüssel geben, vermischen und etwa 2 Stunden ziehen lassen.

Dann die Sahne hinzufügen und vorsichtig aufschlagen, damit die Sahne durch die Säure der Zitrusfrüchte nicht gerinnt. In Dessertschalen füllen und ca. 2 Stunden kaltstellen.

Mit der in feine Streifen geschnittenen Zitrusschale garniert servieren.

Obstsalat aus grünen Früchten
mit Minze

Zutaten *(4 Personen)*
1 Honigmelone
2 grüne Äpfel
2 Kiwis
200 g grüne
kernlose Weintrauben
frische Minze zum
Garnieren

Zitronensirup
1 Zitrone
(ungespritzte Schale)
150 ml Weißwein
4 EL klarer
Bienenhonig
ein paar Blätter
frische Minze

Zubereitung

Zunächst für den Sirup die Zitrone mit einem Sparschäler schälen. Dann die Zitronenschale mit Wein, 150 ml Wasser und Honig in einen Topf geben, aufkochen und bei kleiner Hitze ca. 10 Minuten köcheln lassen. Vom Herd nehmen, die Minze hinzufügen und abkühlen lassen.

Derweil die Melone halbieren, das Kerngehäuse entfernen und mit einem Kugelausstecher das Fruchtfleisch herauslösen. Die Äpfel schälen und vom Kerngehäuse befreien, dann in dünne Spalten schneiden. Die Kiwis schälen und in Scheiben schneiden.

Den inzwischen abgekühlten Sirup durch ein Sieb in eine Schüssel streichen, die Zitronenschale und Minze entfernen. Dann alle Früchte hineingeben und umrühren. Den Salat mit frischen Minzzweigen und Zitronenschale garniert servieren.

Bananen-Kirsch-Salat

Zutaten *(4 Personen)*
2 Bananen
1 Glas Sauerkirschen
Zitronensaft
1 bis 2 EL Rum
1 EL Honig
gehobelte Mandeln

Zubereitung
Die Bananen schälen und in Scheiben schneiden.
Kirschen aus dem Glas abtropfen lassen und zu den
Bananen geben.

Zitronensaft mit Rum und Honig verrühren und über die
Früchte geben. Alles gut vermengen und mit Mandeln
bestreut servieren.

Ananassalat

Zubereitung

Ananas in Stückchen schneiden und mit Zucker und Likör marinieren. Die Nüsse mit den Haferflocken unter die Ananasstückchen mengen.

Den Apfelsinensaft darüber gießen und ca. 30 Minuten ziehen und quellen lassen. Mit Schlagsahne garniert servieren.

Zutaten (2 Personen)
200 g frische Ananas
3 EL Zucker
1 Likörglas
Maraschino
1 EL geriebene
Haselnüsse
oder Mandeln
3 EL Haferflocken
Saft von 1 Apfelsine
1/8 l Schlagsahne

Der Autor

Helmut Zipner ist Chefkoch im Restaurant „Asperge" im Kieler Landtag, kocht aber praktisch rund um die Uhr: fürs Fernsehen (NDR Schleswig-Holstein-Magazin) und fürs Radio (Welle Nord), er kocht auf Messen und auf Märkten, er kocht für Politiker und ihre Wähler (ohne Rücksicht auf Parteien und Proporz), er kocht auf Wiesen, Feldern, Küsten und natürlich Campingplätzen. Seine mobile Küche ist sehenswert, doch die Gerichte in diesem Buch lassen sich auch im kleinsten Camping-Anhänger nachkochen. Ob zwei oder drei Flammen – die schnelle Campingküche à la Helmut Zipner wird auch Ihre Ferien aufs Schönste verzaubern!

Für die Bereitstellung von Gemüse dankt der Koch der Firma *Godeland*, für Töpfe und Pfannen der Firma *Rösle*.

Der Fotograf

Ingo Wandmacher (links) ist als Reise- und Foodfotograf für große Magazine, Buchprojekte und für wahrhaft sehenswerte Bücher zu Fernsehserien (u. a. NDR und WDR) an vielen Tagen im Jahr unterwegs. Für dieses Buch steuerte er gemeinsam mit Helmut Zipner Campingplätze an, holperte über Feldwege und gondelte gemächlich über Campingplätze. Immer auf der Suche nach dem schnellen und kreativen (Koch-) Genuss und dem besten Licht fürs appetitliche Foto. Wie schön, dass sich alle Rezepte auch zu Hause nachkochen lassen – die Fotos machen einfach Appetit!

112